Questions d'amour
5-8 ans

Virginie Dumont
psychologue et psychothérapeute,
spécialiste de l'enfant et de l'adolescent

Illustrations de
Rosy

Direction de la collection
Virginie Dumont

Conception éditoriale
Marie-Odile Fordacq

Édition
Ariane Léandri

Direction artistique
Bernard Girodroux

Maquette
Laetitia Bertrand

Illustrations
Rosy

© Éditions Nathan, 1998
pour la première édition.
© Éditions Nathan, 2004
pour la présente édition.

Sommaire

Quand tu seras adulte... 4-5

J'étais où avant ma naissance ? 6-7

Les petits et les grands amoureux, c'est pareil ? 8-9

Ça veut dire quoi faire l'amour ? 10-11

Faire l'amour et faire un bébé, c'est pareil ? 12-13

Comment j'étais avant de naître ? 14-15

Mais comment je faisais pour vivre ? 16-17

Alors je savais déjà nager ? 18-19

Par où je suis arrivé(e) exactement, à la naissance ? 20-21

J'ai commencé à jouer dès que je suis né(e) ? 22-23

Comment on devient grand(e) ? 24-25

À quel âge je deviendrai un papa, une maman ? 26-27

Un couple, c'est quand on est marié ? 28-29

Quand je serai grand(e), comment seront mes parents ? 30-31

◯ ◯ ◯ Quand tu seras adulte...

...si tu es une petite fille,
tu deviendras une femme.

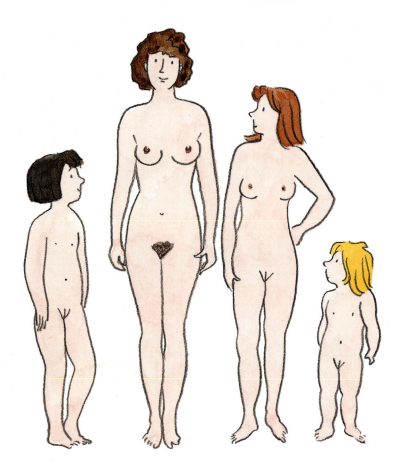

Le sexe féminin s'appelle la vulve.

...si tu es un petit garçon,
tu deviendras un homme.

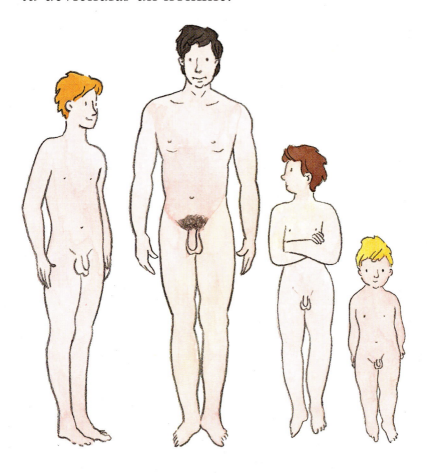

Le sexe masculin s'appelle le pénis.

○ ○ ○ J'étais où avant ma naissance ?

Avant de naître, tu as passé neuf mois dans le ventre de ta maman. Mais tu ne t'en souviens pas et c'est normal.
Bien avant ces neuf mois, tu existais dans les rêves de ton papa et de ta maman.
Ils ont eu envie d'avoir un enfant ensemble parce qu'ils étaient amoureux.
Ils t'ont imaginé(e) mais à ce moment-là, ni l'un ni l'autre ne pouvait savoir qui tu deviendrais en vrai : une fille ?
Un garçon ? Blond, brun, roux ?

Parfois, les parents rêvent d'avoir une fille et ils ont un garçon. Ou au contraire, ils rêvent d'un garçon et ils ont une fille. Mais cela n'a pas d'importance : le bébé qui arrive est toujours une surprise.

● ● ● *Les petits et les grands amoureux, c'est pareil ?*

Non, les amours d'enfants ne sont pas comme les amours d'adultes, même si cela compte autant. C'est différent parce qu'à cinq ou six ans, on a un corps d'enfant et des envies d'enfant. Les petits amoureux se tiennent par la main et se font des gros bisous ; ils aiment passer du temps ensemble pour jouer et pour discuter.

Quand on est grand, à 18 ou 20 ans, tout change et on est amoureux d'une autre façon. Les bisous deviennent de grands baisers d'amour et on a envie de passer toute sa vie avec son amoureux ou son amoureuse. On a envie de quitter ses parents, de construire une famille. Et surtout, les grands amoureux font l'amour parce que c'est une chose naturelle quand on est un adulte.

● ● ● Ça veut dire quoi faire l'amour ?

Faire l'amour, c'est dire des mots doux, embrasser, caresser le corps tout entier de celui ou de celle que l'on aime.

Un homme et une femme amoureux
ont envie d'être très proches l'un
de l'autre. Leurs corps sont enlacés.
Le pénis de l'homme grandit et pénètre
dans le sexe féminin. Faire l'amour est
un grand plaisir. C'est un moment secret
où les amoureux sont seuls : c'est ce que
l'on appelle l'intimité.

○ ○ ○ Faire l'amour et faire un bébé, c'est pareil ?

Non. Mais faire l'amour, c'est aussi le moment où un homme et une femme peuvent faire un bébé.

Au moment le plus fort de l'amour,
un peu de liquide, le sperme, sort
du pénis de l'homme et s'écoule dans
le sexe féminin. Ce liquide contient des
millions de spermatozoïdes minuscules.

Un bébé sera fabriqué si l'un de
ces spermatozoïdes rencontre un ovule.
L'ovule est un petit œuf qui se forme
dans le ventre de la femme, une fois
par mois.

Cette rencontre de l'ovule et
du spermatozoïde s'appelle la fécondation.
C'est à ce moment-là que le futur bébé
commence à se former dans le ventre
de sa maman. C'est ce que l'on nomme
la grossesse.

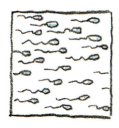

Des millions de spermatozoïdes… …se dirigent vers l'ovule. Un seul spermatozoïde pénètre dans l'ovule.

●●● Comment j'étais avant de naître ?

Quand la fécondation a eu lieu dans le ventre de ta maman, tu étais encore loin de ressembler à un être humain. Pendant la grossesse, la tête, les bras, les jambes se forment peu à peu.

Puis les oreilles, les doigts, les ongles poussent. Il y a autant de différences entre un futur bébé de quelques semaines et un nouveau-né qu'entre une graine de tournesol et la fleur de tournesol, par exemple. Le futur bébé se développe, bien au chaud, pendant neuf mois.

Parfois, deux bébés se développent en même temps : on dit alors que ce sont des jumeaux. S'il y en a trois, ce sont des triplés. Comme ils ont un peu moins de place, ils sont un peu plus petits à la naissance. Mais ils grossissent ensuite.

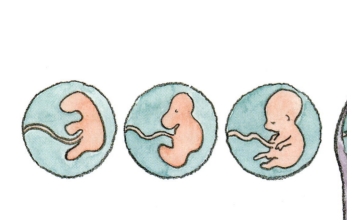

○ ○ ○ Mais comment je faisais pour vivre ?

Dans le ventre de la maman,
il n'y a ni air pour respirer, ni lait pour
se nourrir, mais seulement de l'eau
dans laquelle le futur bébé dort et bouge.
Il se tourne et se retourne, en donnant
au passage de petits coups de coude
ou de genou. Vers sept mois, il suce
son pouce et il peut ouvrir les yeux...
même dans l'eau où il baigne !

Le futur bébé vit et grandit grâce
au cordon ombilical : c'est comme
un long tuyau qui le relie à sa maman.
C'est ainsi qu'il est nourri, qu'il respire…
mais pas comme toi, bien sûr.
Il n'a pas le goût des aliments dans
la bouche, il ne reconnaît ni les épinards,
ni les gâteaux. À la naissance, on coupe
le cordon et il reste le nombril.

●●● *Alors je savais déjà nager ?*

Disons que tu te sentais très bien dans le liquide où tu vivais. Tu pouvais même y faire pipi sans être plus mouillé que d'habitude.

Grâce à ce liquide dans lequel le futur bébé flotte, il n'est pas bousculé par les mouvements de sa maman quand elle se lève ou se couche.

Tout en étant très protégé, le futur
bébé entend les bruits du monde :
une musique douce l'endort, les bruits
de la fête le réveillent. Même s'il ne
comprend pas tout ce qui se passe dehors,
il fait bien la différence entre
les moments de repos et les moments
d'agitation, entre la voix de sa maman,
la voix de son papa et celle des autres
personnes.

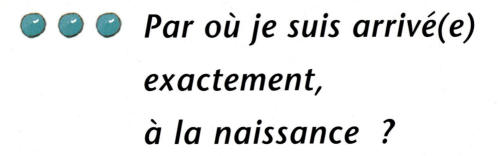

Par où je suis arrivé(e) exactement, à la naissance ?

Pendant l'accouchement, le sexe de la maman s'élargit suffisamment pour que le bébé ait la place de passer. Généralement, c'est la tête que l'on voit apparaître en premier, puis les épaules, et enfin le reste du corps.

Un accouchement se déroule dans une maternité et peut durer plusieurs heures.

Dès que le bébé est sorti, le médecin ou la sage-femme coupe le cordon ombilical. Il ne sert plus à rien car le bébé peut se nourrir et respirer sans lui. Dans les jours qui suivent, le ventre de la maman reprend sa forme habituelle.

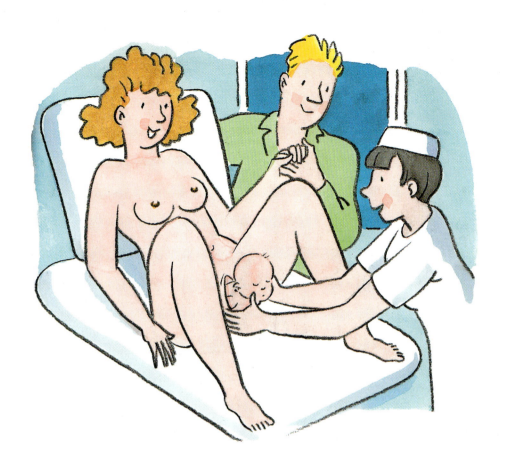

Le papa est souvent là, proche
de la maman pendant ce grand moment.
Il est prêt à accueillir avec elle le bébé
qu'ils ont désiré et attendu ensemble.

Quand l'accouchement est terminé,
la maman et le nouveau-né restent trois
ou quatre jours à la maternité avant
de rentrer à la maison.

◯ ◯ ◯ *J'ai commencé à jouer dès que je suis né(e) ?*

Non, à ta naissance,
tu avais tout ce qu'il faut pour vivre mais il t'a fallu encore un peu de temps avant de jouer comme un grand.

Pendant les premiers mois de sa vie, le bébé ne fait pas la différence entre le jour et la nuit. Il a besoin de beaucoup dormir et d'être souvent nourri : il prend un biberon de lait ou est allaité par sa maman jusqu'à sept fois dans une journée de vingt-quatre heures ! Il sait crier très fort pour réclamer son repas quand il a faim. Après avoir mangé, il se rendort paisiblement, visiblement très satisfait.

À trois mois, le bébé sait sourire à un visage connu. À un an, il marche et vers deux ans, il commence à bien savoir parler.

● ● ● *Comment on devient grand(e) ?*

Grandir, c'est apprendre à faire des choses tout seul, sans ses parents. Lire un livre, aller chercher le pain, rentrer seul de l'école, savoir téléphoner ou écrire une lettre sont des étapes du grand chemin qui mène de la petite fille à la femme ou du petit garçon à l'homme.

Pendant toutes ces années, ton corps se transforme aussi. Quand tu seras adulte, tu pourras à ton tour donner naissance à un enfant.

À quel âge je deviendrai un papa, une maman ?

Pour devenir un papa ou une maman, il faut que ton corps d'enfant soit devenu un corps d'adulte. Cette transformation s'appelle la puberté. Elle commence vers 12 ans et dure plusieurs années car les changements sont importants.

Filles et garçons grandissent alors beaucoup. Les filles commencent à avoir de la poitrine et les garçons voient apparaître un petit duvet, qui deviendra plus tard de la barbe. Ils ont envie de s'habiller autrement, de sortir avec leurs amis, d'être libres... et parfois, les parents ne sont pas d'accord.

D'autres changements se produisent à l'intérieur du corps et vers 15 ou 16 ans, le jeune homme pourra produire des spermatozoïdes et la jeune fille des ovules. Alors seulement, le corps est prêt pour faire un enfant.
Mais il faudra attendre encore quelques années pour être prêt dans sa tête.

● ● ● *Un couple, c'est quand on est marié ?*

Pas obligatoirement. Un homme et une femme qui s'aiment forment un couple, libre de vivre ensemble. Ils peuvent avoir des enfants sans être mariés.

Se marier, c'est dire « oui » devant le maire. Après, il peut y avoir un mariage religieux à l'église, à la mosquée, à la synagogue ou au temple, selon les croyances du couple. Enfin, comme c'est un moment de bonheur, les mariés réunissent familles et amis pour une fête.

Église

Mosquée

Il arrive que les couples se séparent.
S'ils ont des enfants, ils continuent
à les élever tous les deux, même
s'ils ne vivent pas au même endroit.

Synagogue

Temple

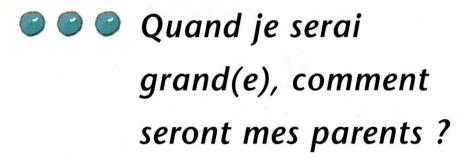

Quand je serai grand(e), comment seront mes parents ?

Quand tu seras un adulte, ton papa et ta maman seront bien sûr plus âgés que maintenant. Ils travailleront peut-être encore, puis ils prendront leur retraite.

Si tu as des enfants, tes parents seront alors des grands-parents. Les grands-parents sont souvent émerveillés de voir naître les enfants de leurs enfants, cela leur rappelle le moment où eux-mêmes sont devenus des parents. S'ils ont du temps, ils s'en occupent, les gâtent, s'amusent avec eux. Grands-parents, parents, enfants font partie d'une même famille.

L'histoire recommence toujours de la même façon, cela s'appelle le cycle de la vie. Un enfant naît, il grandit et devient un adulte qui donne lui-même naissance à un bébé, et ainsi de suite.

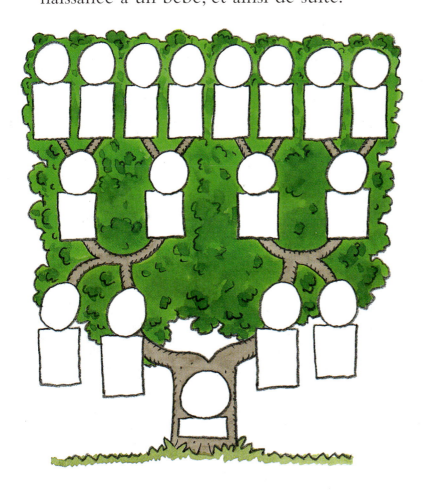

Complète l'arbre de ta famille. Toi, tu es tout en bas.
Viennent ensuite tes parents, tes oncles et tantes ;
puis tes grands-parents ; et tout en haut, tes arrière-grands-parents.

N° d'éditeur : 10132285
Dépôt légal : avril 2006
Conforme à la loi 49 956 du 16 juillet 1949 sur les publications destinées à la jeunesse.
Impression et reliure : Pollina s.a., 85400 Luçon - n° 99524
ISBN : 2.09.250352-9
Imprimé en France